Emanuele Luzzati
Cantastorie

Gallucci

Emanuele Luzzati
Cantastorie

dello stesso autore:
L'uccello di fuoco
I tre fratelli
La ragazza cigno

dello stesso illustratore:
Alla Fiera dell'Est
Pasqualino Marajà
L'armata Brancaleone
Ho visto un Re

ISBN 978-88-6145-004-2
Prima edizione febbraio 2007

ristampa   anno
7 6 5 4 3 2 1 0   2007 2008 2009 2010 2011

© Carlo Gallucci editore srl
Roma

galluccieditore.com

Stampato per conto dell'editore Gallucci
presso la tipografia Tibergraph di Città di Castello (Pg)
nel mese di febbraio 2007

È arrivato il cantastorie…

È arrivato il cantastorie
col cartello di una storia
che sappiam tutti a memoria.
Nella piazza del villaggio
è arrivata tanta gente:
canta canta cantastorie
come fu che quel serpente
dall'aspetto ributtante,
quella bestia un po' schifosa
che di un re fu già sposa,
ritornò bella e splendente
e col re fu poi regina
d'un paese dell'Oriente
ai confini con la Cina.

Prima Storia

Il complotto delle fate
che son state abbandonate
da Iranì loro sorella
delle fate la più bella.

*Nella prima figura
vediamo Iranì,
regina delle
fate, che sposa
il re Solimano,
uomo mortale,
rinunciando ad ogni
privilegio di fata.*

*Nella seconda figura
a destra si vedono
le tre sorelle di Iranì
abbandonate che
complottano per
far tornare Iranì
nel loro regno.*

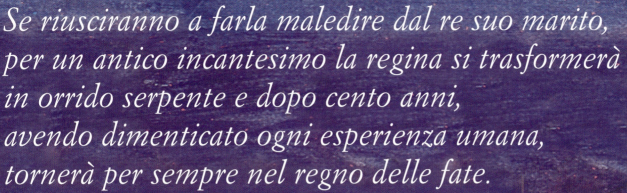

Se riusciranno a farla maledire dal re suo marito,
per un antico incantesimo la regina si trasformerà
in orrido serpente e dopo cento anni,
avendo dimenticato ogni esperienza umana,
tornerà per sempre nel regno delle fate.

Quale espediente per
farla maledire dal re?

Seconda storia

Il re parte per la guerra
combattendo in mare e in terra
conquistando onori e gloria
e vicina è la vittoria…

Quando giunge un messaggero
che gli dice lì per lì:
«Solimano, sarai fiero
della sposa tua Iranì:
ti son nati due gemelli,
già ti chiamano "Papà!"
Sono grassi, sono belli
tutta in festa è la città
e più ancora lo sarà
quando il re ritornerà!»

Ma c'è chi trama nell'ombra e nella figura.
Qui sotto assistiamo ad una scena raccapricciante:
due fate, sorelle della regina, entrano di soppiatto
nella stanza dove dormono i due gemelli,
li portano via e…
Li sostituiscono con due orrendi mostriciattoli.

Terza storia

Al re arride la vittoria,
è felice come un pazzo
ed arriva in un momento
alle porte del palazzo,
ma già incombe il crudo evento:
«Dove sono i figli nostri?
Perché mai non me li mostri?
E chi sono quei due mostri?»

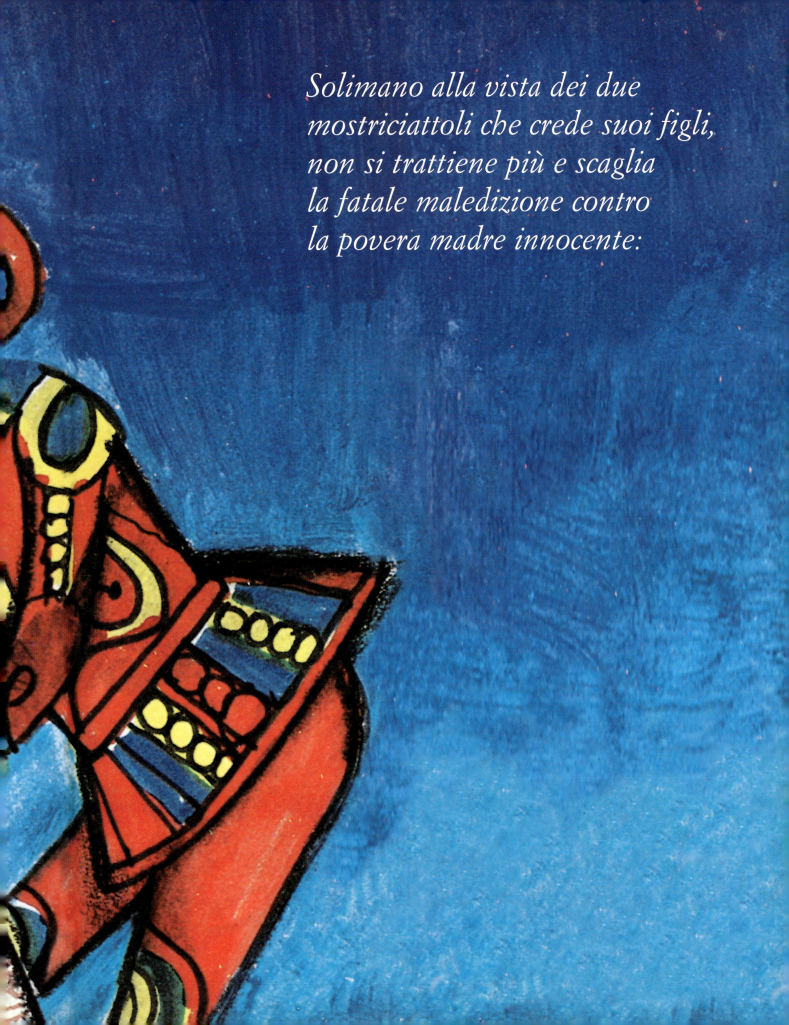

*Solimano alla vista dei due
mostriciattoli che crede suoi figli,
non si trattiene più e scaglia
la fatale maledizione contro
la povera madre innocente:*

«Sii maledetta! Lontan dai miei occhi
sparisci Iranì, con questi marmocchi
ti maledico, oh sposa ingrata,
tu sei una strega, non sei una fata!»

La nostra storia diventa tremenda:
sembra quasi una leggenda.
Che prodigio sorprendente!
Oh che vista ributtante!
Solimano già si pente…
ché in un orrido serpente
si trasforma immantinente
la sua sposa, la sua amante
poi sparisce in un istante
e di lei non sa più niente!

Ma la nostra storia non finisce così:
c'è ancora speranza per la nostra Iranì.

Infatti mentre le tre sorelle
gongolano, credendo di aver
raggiunto il loro scopo,
non immaginano che Farzana,
la loro sorellina più piccola,
che voleva molto bene a Iranì,
sa che c'è ancora una possibilità
di far riunire i due sposi
e di ritrovare i figli perduti.

Raggiunge Solimano che erra
disperato in mezzo al bosco
e gli dice:

«Solimano, non disperare!
La tua Iranì potrai riabbracciare
se avrai fede. Se sarai saggio,
se affronterai con forza e coraggio
tre prove con mostri, giganti e serpenti,
se vincerai contro tutti gli eventi
dall'alba al tramonto del dì.
Potrai rivedere la tua sposa Iranì,
potrai baciare i tuoi figli gemelli,
potrai vedere come sian belli.
E figli e sposa staran sempre con te
e tu sarai il più felice dei re!»

«Ho deciso, Farzana; affronto la sorte
e se fallisco, sarà meglio la morte!»

Prima prova per Solimano:
"L'incontro col toro persiano".

Solimano ha appena finito di pronunciare
la fatidica frase che un toro furioso gli appare
all'improvviso e gli si avventa contro.

Ma Solimano non si allontana,
perché ode la voce di Farzana:
«Se vuoi riabbracciare il tuo tesoro,
avventati sul toro
strappagli le corna
e poi da me ritorna…»

Infatti il principe riesce a tagliare
prima il corno sinistro del toro
e dopo una lotta furibonda gli strappa
pure l'altro corno. A quel punto la bestia
si accascia per terra e docile come un agnellino
cede il passo a Solimano.

Farzana è felice,
ma gli dice
che l'aspetta
una prova più importante:
l'incontro col gigante!

Prova seconda, prova tremenda:
"La singolar tenzone di Solimano contro il Gigante Morgone"

Farzana sparisce e al suo posto appare
un gigante terribile: Solimano è più abile
e con la spada gli stacca il braccio sinistro,
ma come per incanto ne rispunta un altro;
allora gli stacca la testa, ma dal collo
ne spunta un'altra ancora più spaventosa!
Che fare?

Ma s'ode di nuovo, lontana,
la voce di Farzana:

«Tu che con la spada sei maestro,
stacca l'orecchio destro
dalla testa del gigante
e vedrai sull'istante
il suo corpo pesante

cadere per terra.
Così hai vinto la guerra
col gigante Morgone.
Ma non farti illusione…
Prima che cali la sera
affronterai la prova più severa
e se tornerai vincitore
potrai rivedere il tuo amore».

Ed ecco in quell'istante
appare un mostro ributtante,
un po' drago, un po' serpente:
ha una bocca da gigante
che sputa fiamme e fuoco…
E qui finisce il giuoco.

E di nuovo si ode la voce
di Farzana che incita Solimano
ad andare incontro al mostro,
a superare le fiamme
e a baciarlo sulla bocca.

No, non è finito il giuoco
perché Solimano si lancia nel fuoco
e come se fosse il suo amante
bacia quella bocca ributtante…
… e proprio in quell'istante
si ritrova lì per lì
fra le braccia di Iranì.

L'amore trionfa, il fuoco sparisce
e la nostra storia in gloria finisce.

Canta canta cantastorie
son finite le tue storie
è finita la magia
e anche noi ce ne andiam via.

Ma prima di congedarci vogliamo un po' vedere
che fine han fatto i nostri personaggi:

ecco Iranì con Solimano
che si tengono per mano
lei si è già dimenticata
d'esser nata da una fata
e col re, fa la regina
del paese dell'Oriente
ai confini con la Cina.

Nel secondo dei cartelli
rivediamo i due gemelli
con loro è Farzana, la loro zia
e più nessuno li porterà via.

C'è infine il cartello
dei cattivi sconfitti
troppo tardi pentiti
dei loro delitti.

Ma noi zitti zitti
li abbiamo lasciati
al loro destino abbandonati…
Torna presto cantastorie
a cantarci nuove storie
aspettiamo il tuo ritorno
e domani è un altro giorno.

Ultimi volumi pubblicati:

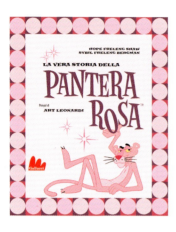

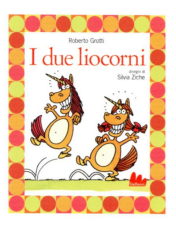

libro + Cd

"Un piccolo miracolo (...) Chi non l'ha cantata in qualche campo estivo?"

Sara Ricotta Voza
Specchio

"A chi voglia saperne di più consigliamo un libro appena uscito: *La vera storia della Pantera Rosa*, scritto dalle figlie di Freleng"

Maurizio Turrioni
Famiglia Cristiana

libro + Cd

"La canzone *Pietre* è diventata una favola illustrata con umorismo e poesia da Franco Matticchio, un maestro dell'illustrazione"

Vincenzo Mollica
Tg1

"Coi tratti rotondi e i colori pastosi del suo arcobaleno, Mattotti narra la storia del mago dei bambini trovati"

Lara Crinò
D di Repubblica

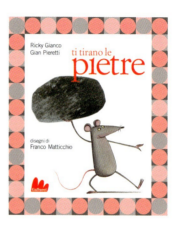

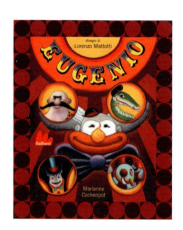

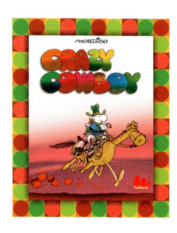

libri + Cd

"Mordillo è una certezza: uno stile che si riconosce tra mille, una mano inconfondibile (...) un lavoro per bambini che stuzzica anche i grandi"

Giuseppe De Bellis
Il Giornale

"Disegni strepitosi, coloratissimi e rotondi di Mordillo"

Stefano Salis
Il Sole 24ore

libri + Cd

"Libri con illustrazioni divertenti e suggestive, accompagnati da cd per gustarsi in pillole la musica più bella"

Silvana Mazzocchi
la Repubblica

"Ridenti disegni di Nicoletta Costa (...) un libro da usare, guardare e collezionare. Anche dagli adulti"

Elena Baroncini
Il Sole 24ore

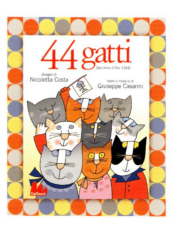

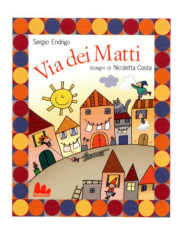

libri + Cd

"Tra re e strane creature la ballata scritta da Dario Fo, cantata da Enzo Jannacci e illustrata da Emanuele Luzzati"

Roberta Visco
Il Venerdì di Repubblica

"Nell'emulsionare arcieri, cavalli, corazze e pepli di gentildonne in una marmellata di colore, Luzzati sfiora il prodigio comunicativo"

Nello Ajello
La Repubblica

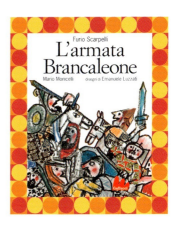

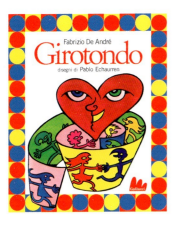

libri + Cd

"La ballata di De André è come sfogliare un mazzo di carte: a ogni strofa c'è una sorpresa, un nuovo personaggio che fa capolino con la sua storia e tutto un mondo da scoprire (...) Un bellissimo inno alla vita"

Elena Dallorso
Donna Moderna

"Una favola di drammatica attualità. I bambini crederanno con i disegni di Echaurren che i soldati abbiano il naso da Pinocchio e fuggano davanti al grande cuore ammiccante dell'amore"

Fernanda Pivano
Corriere della Sera

libro + Cd

"Una ricostruzione poeticissima"

Concita De Gregorio
la Repubblica

"Auimmaoué auimmaoué: questo è un libro che mentre lo sfogli canticchi e arrotondi lo sguardo lungo tutto un mondo di pace"

Giovanna Zucconi
L'Espresso

"Cosa succede se un buffo uccellino si mangia i colori? Succede che le sue piume cambiano tonalità, sommando i tre primari: rosso, blu e giallo"

Federica Maccotta
la Repubblica

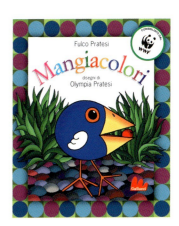

Novità

Non ci sono parole
per descrivere la bellezza
dei sentimenti,
del gioco,
della natura.
Impariamo dalle lumache.